NOTICE

HISTORIQUE ET LITTÉRAIRE

SUR

VALAZÉ.

[illegible]

Membre de la Convention Nationale, condamné à mort par le Tribunal Révolutionnaire, le [illegible]

[illegible]

NOTICE

HISTORIQUE ET LITTÉRAIRE

SUR

VALAZÉ,

Membre de la Convention Nationale, condamné à mort par le Tribunal Révolutionnaire, le 10 brumaire an II.

PAR LOUIS DUBOIS,

Bibliothécaire de l'École Centrale de l'Orne, Membre de la Société d'Emulation d'Alençon, Correspondant de la Société d'Encouragement pour l'industrie nationale à Paris ; Membre associé de la Société Littéraire de Bourges, de l'Académie des Sciences, Lettres et Arts de Caen, et de la Société d'Agriculture et de Commerce de la même Ville.

A PARIS,

Chez GOUJON fils, Imprimeur-Libraire, rue Taranne N°. 737;

Et chez les Libraires d'Alençon et de Caen.

AN XI. — 1802.

PRIX, 60 centimes.

NOTICE

SUR VALAZÉ.

Les vertus dans Paris ont le destin des crimes.
Sages Représentans, honorables victimes,
Vous n'êtes point flétris par ce honteux trépas;
Mânes trop généreux, vous n'en rougissez pas:
Vos noms toujours fameux vivront dans la mémoire:
Qui meurt pour son *pays*, meurt toujours avec gloire.

VOLTAIRE, *Henriade*, *IV*.

Les Etats, tourmentés par les révolutions, sont comme ce vaisseau qui portait Arion d'Italie à Lesbos. Envieux de ses richesses, insensibles à la douceur de ses chants, les matelots le précipitèrent à la mer; rien ne put fléchir leur intraitable cruauté, et le chantre des dieux eût péri, sans un monstre marin qui se montra plus humain que les hommes.

Si de nouvelles révolutions changeaient un jour la face politique du monde, combien d'hommes, dont les qualités brillantes fatiguent les regards de l'envie, seraient peut-être encore précipités dans l'abyme des proscriptions; que de talens seraient encore dévoués à la mort par l'ignorance unie à la scélératesse, pour avoir eu le tort, qu'on ne pardonne jamais, d'avoir plus de mérite que leurs persécuteurs ! Que d'hommes de génie perdus pour les siècles, qui, s'ils ont le luth d'Arion, n'ont pas eu, ou n'auront point sa ressource dernière !

L'ignorance jalouse, dans son présomptueux aveuglement, voit avec impatience le talent lui disputer l'honneur des premiers rangs et l'écarter des places. Alors elle lui jure une haine implacable, et elle appelle à son secours la cruauté aux mains ensanglantées ; car la cruauté et l'ignorance sont sœurs, comme l'ont prouvé au genre humain Thamas-Koulikan, qui ne savait pas lire, l'empereur Licinius qui, parce qu'il ne pouvait pas même signer son nom, appelait les savans et les philosophes une peste publique, et ces barons du 12e. siècle qui trouvaient les lettres roturières.

L'ignorance perverse suppose à ceux dont elle craint le génie, des crimes qui souvent ne sont qu'à elle. Absurdes et méprisées, on dédaigne de répondre aux calomnies. La malignité s'en repaît, les dupes les colportent, les brigands les accréditent, et les gens de bien, eux-mêmes, finissent par y croire, persuadés que la masse qui crie a raison ; convaincus par cet axiôme absurde que la voix du peuple est la voix de Dieu, et qu'il n'est pas probable qu'on suppose gratuitement de grands forfaits. Eh ! c'est cette aveugle confiance qui perd les hommes et les empires ; c'est en tolérant les calomniateurs, que nous leur avons abandonné le champ de bataille ; c'est en aimant mieux, par déférence ou par paresse, croire qu'approfondir pour juger, que nous avons été dupes des charlatans et victimes des fripons ; c'est en quittant le gouvernail et la manœuvre, que nous avons vu chavirer le vaisseau de l'État, poussé d'écueils en écueils par des mains scélérates et mal-habiles.

Celui dont je vais esquisser la vie, naquit dans des murs où l'œil de la postérité cherchera un jour ses statues ; il fut un de nos plus illustres représentans ; il périt avec l'épée de Caton, pour une aussi belle cause et par un suicide plus légitime.

Charles-Éléonore Dufriche, surnommé de Valazé, naquit à Alençon, le 23 janvier 1751, et fut en 1774 lieutenant au régiment provincial d'Argentan, dont il fut réformé parce qu'il n'était pas noble, dans un tems où les parchemins étaient tout, où les talens n'étaient rien (1).

Après avoir quitté la carrière des armes, Dufriche-Valazé se livra, comme Cincinnatus, à l'agriculture, et rendit à la fertilité trois cents arpens d'un terrein que le soc avait abandonné, et qu'il conquit sur la stérilité, de la même main qui, en 1783, terminait les *Lois Pénales*. Cet ouvrage profond fut, comme il le dit lui-même, « entrepris et » achevé au milieu de ses soins agricoles... »

Les *Lois Pénales* parurent en 1784 et furent accueillies avec de grands éloges par les meilleurs journaux littéraires du tems. Cet ouvrage philosophique est traité d'une manière analytique, profonde, complète, et neuve même après les ouvrages de Montesquieu, de Gravina, de Beccaria, de Monis et de Pastoret. Valazé s'exprime ainsi dans son Discours préliminaire : « Laissons faire » au tems une révolution nécessaire au bon- » heur des hommes : l'esprit de ce siècle

---

(1) Son portrait gravé, se trouve dans la collection *in*-8°. de Bonneville.

» autorise à la prévoir ; cependant tâchons » de la faciliter (1) ».

On souscrira sans peine au jugement que portait de cet ouvrage Mallet-Dupan, quand il s'exprimait ainsi : « c'est assurément une grande idée que celle de dresser la nomenclature et de déterminer les degrés de la moralité des actions humaines, considérées comme devoirs et vertus, comme vices et crimes... L'esprit de méthode caractérise l'ouvrage entier. L'auteur a traité la question de la peine de mort dans un chapitre particulier : c'est un effort de logique, de raison et d'humanité. Aucun n'a apperçu cette matière et ne l'a présentée sous un point d'optique plus lumineux que l'auteur des *Lois Pénales*... Cette doctrine si naturelle et si consolante, Valazé la discute et l'établit avec autant de force que de profondeur......... Par son importance, par la philosophie, c'est-à-dire, par l'esprit de réflexion, plus rare de jour en jour, qui accompagne cet ouvrage, et par ses vues absolument neuves, il sera placé dans le très-petit nombre des écrits vraiment utiles. Le style en est conforme à l'objet, simple et clair dans la discussion, attachant

(1) Page 14.

sans prétention à attacher, et modeste sans timidité ».

A cette opinion d'un publiciste distingué, je joindrai l'analyse du compte que Coqueley de Chaussepierre rendit de cet ouvrage en mai 1784, dans le Journal des Savans (page 884 — 906). « On remarque, dit-il, dans cet ouvrage utile et méthodique, une division nouvelle et juste des actions morales de l'homme en vertus, devoirs, vices et crimes. L'auteur a fait des observations qui n'appartiennent qu'à lui (au 2e. livre), sur l'ordre de préférence des vertus les unes aux autres, des devoirs entr'eux, sur le degré différent de haine qu'inspirent les différentes classes et les différens genres des vices et des crimes. Le deuxième livre renferme encore des idées très-philosophiques sur le mariage (1), sur la pudeur et ses avantages (2). L'article sur l'usure (3) est neuf et intéressant; celui sur les monopoleurs (4) est un morceau précieux fait pour

(1) L. 3, chap. 3, art. 11.

(2) M. art. 25.

(3) M. chap 4, art 5.

(4) L. 4, chap. 12, art. 1.

être consulté ; il en est de même du chapitre sur l'infamie (1). Le chapitre 11 prouve la nécessité d'abolir la peine de mort, les asyles et les lettres de grâce, et d'admettre l'uniformité de peines pour tous les citoyens.

Le système de Valazé est une nouvelle science, qui paraît n'appartenir qu'à lui. Cet ouvrage est le fruit d'une profonde méditation, d'une grande connaissance des hommes, d'un grand amour du bien public (2) ».

Ces deux extraits des journaux littéraires les plus répandus et les plus estimés, prouvent assez que cette importante production de la philanthropie a contribué à introduire dans nos lois criminelles, regardées jusqu'à la révolution comme le code de l'atrocité, cette réforme salutaire depuis si long-tems réclamée par la philosophie. Beccaria n'a rien tracé de plus profond ni de plus juste sur la nécessité de faire disparaître de nos

---

(1) L. 6, chap. 10.

(2) La correspondance de Valazé offre des lettres de Marmontel, de Franklin, de Bréquigny, de Ducis et de l'infortuné Bailly.

codes ensanglantés la loi Draconienne, qui ordonne à l'homme de tuer l'homme, qui venge l'assassinat par l'assassinat, qui ne laisse pas au juge qui se serait trompé, l'espoir de réparer son erreur, et qui nous fait, pour ainsi dire, compatriotes des Caraïbes et citoyens du Juida.

Sainte humanité! espérons qu'enfin un jour la voix de Beccaria, de Voltaire, de Valazé, de Pétion, de Condorcet, de Baudin, n'aura pas inutilement tonné pour réclamer tes droits! Espérons que nos places publiques ne seront plus des amphithéâtres et des arènes où la foule vient en spectacle s'enivrer de l'appareil de la mort, et sourire aux convulsions des coupables agonisans, que le crime, tout hideux qu'il est, n'a pu dépouiller de la physionomie humaine!

Hommes immortels, la loi qui aura aboli la peine atroce, inutile et irréparable de la mort, sera le plus grand sacrifice que l'on puisse offrir à vos mânes généreux! A cette nouvelle, vos ombres magnanimes s'appaiseront, et je répandrai sur vos urnes, trop long-tems profanées, l'épanchement philantropique des pleurs de la reconnaissance et du plaisir.

Valazé a laissé dans ses manuscrits une suite à ses *Lois Pénales,* sous le titre de *Cri de l'Humanité* (1), et un autre ouvrage pour lui servir de complément, intitulé : *Plan d'administration pour les maisons de correction* (2).

Ces deux ouvrages ont pour but d'ériger un nouvel édifice à la place des décombres gothiques que sa main venait de disperser. Il était bien convaincu qu'il fallait des peines pour punir le crime ; mais il en voulait qui fussent dictées par le véritable intérêt de la société, et qui fussent compatibles avec l'humanité et la raison. Ainsi, il ne s'était pas contenté de détruire : il avait remplacé ; il avait reconstruit ; il avait perfectionné.

Valazé avait adressé à l'Académie des sciences un *mémoire sur les causes de l'élévation des vapeurs de l'atmosphère, suivi d'une explication des tuyaux capillaires.* Ce mémoire, suivant le rapport fait par des commissaires nommés par l'Académie, renfermait des idées ingénieuses. Il n'a point été imprimé, il fait partie des papiers

---

(1) 106 p. in-4°.

(2) 28 p. gr. in-4°.

que madame Valazé a sauvés du naufrage horrible qui lui a tout enlevé.

La Bibliothéque des romans (2.e vol. avril 1783, p. 169 — 183) contient un petit conte philosophique du même auteur. Cet opuscule agréable intitulé *le Rêve*, a pour épigraphe ces vers de Lafontaine :

Chacun songe en veillant ; il n'est rien de plus doux :
Une flatteuse erreur emporte alors nos ames ;
Tout le bien du monde est à nous,
Tous les honneurs, toutes les femmes.

Les *Lois Pénales* ne sont pas le seul ouvrage que l'on doive à Valazé : il eût suffi à sa réputation, il ne pouvait suffire à son cœur. Père de deux enfans, dignes de lui, dignes de leur mère (1), il voulait que la paternité ne fût pas un vain mot ; il avait de ce beau titre une opinion trop élevée et trop juste, pour abandonner aux mains de ces manœuvres didactiques, de ces mercénaires d'instruction, que l'on s'attache comme des esclaves à prix d'argent, l'éducation et l'ins-

---

(1) Le cit. Desgenettes, médecin en chef des armées, connu par ses talens, par ses ouvrages, et par son dévouement lorsqu'il était à l'armée d'Égypte, est fils d'un frère de Valazé.

truction d'un fils qu'il chérissait tendrement et qui fera sans doute, digne héritier d'un nom illustre, briller un jour ce nom d'un nouvel éclat.

« Au milieu de mes travaux littéraires, pour les *Lois Pénales*, (dit Valazé dans un ouvrage posthume dont j'aurai bientôt occasion de parler), au milieu de mes soins agricoles, je trouvais encore le tems de vaquer à l'instruction d'un fils chéri ».

C'est en effet pour lui qu'il composa un livre qui parut en 1785, sous ce titre modeste : *A mon fils*. On demandera peut-être pourquoi avoir livré à l'impression un ouvrage destiné à un fils. L'auteur a répondu à cette objection dans l'avis au lecteur : « De même que cet écrit peut être utile à mon fils, il peut l'être à beaucoup d'autres : c'en est assez pour que je le publie ; d'ailleurs, il ne peut influer sur les mœurs générales, sans que celui qui en est particulièrement l'objet, n'en ressente un jour de l'avantage ».

Je citerai quelques passages de ce livre fort bien fait, et qui annonce une parfaite connaissance du cœur humain. L'auteur y suit son fils, qu'il soutient de conseils sages et justes, depuis l'enfance jusqu'à l'âge viril.

Adressé à un enfant de quatre ans et demi, qui ne devait le lire que dans un âge plus avancé, cette production, d'une morale douce et pure, se fait lire avec intérêt par les personnes même les plus âgées. Sa nature ne permet pas de l'analyser: quelques fragmens le feront mieux connaître. Voici d'abord un morceau qui n'étonne pas dans un auteur qui a fait les *Lois Pénales*, mais qui était hardi à l'époque où il parut : « Les mœurs d'un peuple sont caractérisées par l'espèce d'ambition qui y domine, et celle-ci provient de la nature même du gouvernement. Dans une république, c'est le desir d'être aimé de ses concitoyens, c'est donc l'amour de la gloire. Dans un état monarchique, c'est l'envie de s'élever au-dessus de ses semblables, et par conséquent le desir de leur commander. Aussi, voit-on que l'amour de l'ordre et la vertu forment le caractère républicain ; ce qui dans cette constitution, donne à la magistrature la prééminence sur tous les autres états ; tandis que dans une monarchie, la profession des armes, dans laquelle le commandement est le plus absolu et le plus promptement exécuté, obtient la préférence sur toute autre condition. Ainsi, dans ce dernier état, toute dépendance est humiliante, même jusqu'à son extérieur, et l'esprit de despotisme y gagne toutes les classes....... De-là dérive encore cette politesse minutieuse, qui tout à-la-fois déguise la vanité de celui qui l'affecte et sert à ménager celle des autres : de-là, enfin, ce luxe immodéré qui n'a point d'autre but que d'en imposer à la multitude et de lui arracher des témoignages de respect, qui sont à-peu-près la seule jouissance de l'homme impuissant et vain (1) ».

Le morceau suivant semblerait avoir produit l'effet qu'en attendait l'auteur. Le père fait sentir à son fils les avantages des sciences exactes ; et ce qui prouve qu'il a eu l'art d'être persuasif, c'est que le C. Valazé fils, se livre avec distinction à cette belle partie des connaissances humaines, à l'école de Metz : « je ne résiste point, dit Valazé, au penchant qui me porte vers la morale ; mais je regrette infiniment de n'avoir pu me livrer à l'étude des sciences exactes. C'est là que la vérité se montre d'une manière incontestable, et le charme puissant que l'on

(1) P. 44.

a eu à la découvrir, devient une jouissance universelle, comme aussi ses effets sont infaillibles, et généralement reconnus.... Je n'ai jamais vu une éclipse arriver à l'instant prédit, que mon cœur n'ait tressailli d'aise en considérant les progrès de l'esprit humain, et l'essor qu'il a pris. Que penses-tu, mon fils, de l'homme capable de faire le calcul que cette prophétie comporte? Que penses-tu de celui qui l'a imaginé, de celui qui a donné la théorie des sphères célestes (1) »?

Je vais citer encore quelques traits de cet intéressant ouvrage. Voltaire avait dit en parlant des grands :

> Je connais trop les grands : dans le malheur amis,
> Ingrats dans la fortune, et bientôt ennemis,
> Nous sommes de leur gloire un instrument servile,
> Rejetté par dédain dès qu'il est inutile,
> Et brisé sans pitié s'il devient dangereux.

Valazé n'a pas oublié de prémunir son fils contre l'éclat factice de ces poupées à rubans et à cordons, de ces grands enfans pétris d'orgueil et d'ignorance, qui, comme on l'a dit avec raison, ne paraissaient grands qu'à ceux qui se prosternaient à genoux. Il dit :

---

(1) p. 55.

« Je ne connais guères les grands que par leur faste, et sans doute, tu ne les connaîtras aussi que de cette manière : n'en sois pas fâché, ils ne valent pas mieux que nous, et l'on perd auprès d'eux le plus précieux don de la nature, la liberté. Juge combien il est difficile qu'ils ne soient pas impérieux et vains, ils ont toujours été dès leur enfance l'objet des adulations, des hommages et des complaisances. Pour échapper à la séduction, il leur faudrait un caractère supérieur que ne donnent point la naissance ni les richesses; il leur faudrait, avant d'être en paix avec eux-mêmes, livrer des combats sans nombre à leur amour-propre; et quelle serait la fin de leurs victoires ? de traiter en frères ces hommes qui s'avilissent auprès d'eux : le triomphe ne leur semble pas valoir la peine du combat » (1).

Voici les dernières lignes de cet ouvrage vraiment philosophique : (2) « O mon fils, recueille la pensée de ton père, c'est pour son propre avantage qu'il t'en conjure : deviens pour lui l'occasion de la joie la plus pure,

(1) p. 90.
(2) p. 109.

et l'orgueil de ta mère : quand tu liras cet écrit, le sentiment sera prêt à s'éteindre dans leurs cœurs ; ranime les auteurs de tes jours ; satisfaits de leur ouvrage, fais que chaque jour ils desirent un lendemain pour en jouir encore ; fais-nous vivre ainsi jusqu'au bout de notre carrière ; et qu'un souris de complaisance sur toi marque notre dernière heure ».

La révolution arriva. Valazé fut obligé de quitter la plume et la bêche pour recevoir, de l'estime et de la reconnaissance de ses concitoyens, l'épée civique, l'écharpe municipale, et la toge républicaine. Je vais le suivre rapidement dans cette nouvelle carrière de gloire et de périls.

L'auteur des *Lois Pénales* avait entrepris un grand et important ouvrage, qu'il n'a pas eu le tems de terminer. Il paraît qu'il aurait eu pour titre, comme il avait pour but, le *Moyen de suppléer aux religions*. Le manuscrit mis au net a été perdu pendant les tempêtes révolutionnaires, dans les mains de Bernard-Saint-Afrique, membre, comme l'auteur, de la convention nationale. Le premier jet est entre les mains de Mad.e Valazé.

La première fonction publique à laquelle il fut promu, fut celle de syndic municipal de la petite ville d'Essey, auprès de laquelle il avait depuis long-tems fixé sa résidence. Il y rédigea le cahier des doléances de 1789. Il y proposa et il fit agréer à l'assemblée bailliagère, dont il fut membre, l'établissement des jurés en matière criminelle, institution philanthropique qu'on a cru empruntée des Anglais, qui fut connue dans les premiers âges de la monarchie française, et qui fut depuis consacrée par les lois de l'assemblée constituante.

Le premier ouvrage que Valazé publia pendant la révolution fut une brochure intitulée : *Idées d'un citoyen sur un système possible de finances, par un Alençonnais*, 1789, *in*-8°., 11 *p*.

Nommé à la place de commandant de la garde nationale d'Essey, il y fonda une société populaire ; il parvint à la mairie ; il fut nommé électeur, puis administrateur du district d'Alençon.

Lors de la fuite de Louis XVI, il publia un écrit contre la royauté.

A la fin de juillet 1792, il provoqua une pétition contre Louis XVI, dont les trahisons augmentaient de jour en jour ; et si ses efforts pour l'établissement d'une république en France ne furent pas sans dangers, ils furent couronnés par un succès auquel il contribua puissamment.

Condorcet, l'immortel et le malheureux Condorcet, fit adopter à l'assemblée législative, après la chûte du trône et l'incarcération du dernier roi, le projet d'une Convention nationale. Valazé fut appelé par le département de l'Orne, à le représenter sur le plus grand théâtre politique que l'Univers ait élevé pour les droits du genre-humain.

Ses talens ne tardèrent pas à le faire distinguer : il y fut nommé membre de la commission formée pour examiner les papiers recueillis par le comité de surveillance de la commune de Paris; et il fut chargé à ce sujet d'un rapport que les complices de cette commune conspiratrice trouvèrent le moyen d'éloigner indéfiniment. Il prononça une opinion fort sage sur les subsistances. Il fit rejetter la proposition inhumaine de la commune de Paris, tendante à refuser des défenseurs à Louis XVI. Il fit, en novembre 1792, un rapport sur le roi, et prononça depuis une opinion sur son jugement. Provocateur à trois reprises d'un décret d'accusation contre Pache, il défendit contre Michel Lepelletier la loi sur les provocateurs au meurtre; il dénonça ce d'Orléans, au parti duquel l'ignorance et la mauvaise-foi, qui ne se piquent pas d'être conséquentes, rattachèrent tous les hommes qui se distinguèrent dans le systéme républicain, et dont Camille - Desmoulins disait avec plus d'esprit que de raison, « qu'il était le seul qui ne fût pas de la faction d'Orléans ». Valazé fit encore, en avril 1793, un rapport sur les assemblées primaires. Il essaya vainement de faire poursuivre les assassins du 2 septembre 1792; mais il réussit au moins à faire maintenir l'établissement des jurés, dans ce tribunal cannibale que ses créateurs appelèrent révolutionnaire. Il y fit décréter d'accusation ce Marat, dont l'ame, suivant l'expression de Fauchet, était pétrie de sang et de boue, et qui était hideux comme le crime, et petit comme la bassesse. Au moment où les factieux fesaient retentir, lors de la désastreuse conspiration du 31 mai, le canon justement alarmant des sicaires de la démagogie, Valazé eut le courage de demander que Henriot qui avait donné ordre de le tirer, fût traduit à la barre de la convention.

Valazé n'avait-il pas aussi eu la gloire de

voir placer son nom sur les tablettes sanglantes des proscripteurs, à côté des noms de Pétion, de Vergniaud, de Ducos, de Guadet, etc.? Comme eux, quand cette atroce dénonciation, rejettée librement par la Convention, fut admise sous l'influence des piques, du canon et des assignats, Valazé eut l'honneur de la proscription et l'immortalité de l'échafaud. Que dis-je, celui qui avait écrit contre la lâcheté du suicide, et contre la peine de mort, conséquent à la raison quand il paraissait ne pas l'être à ses principes, sentit que sa grande âme se soulevait contre l'ignominie de l'échafaud et l'appareil du trépas. Il ne pouvait plus conserver la vie : il ne voulut pas abandonner son corps aux étreintes dégoûtantes d'un vil bourreau, et aux stupides injures d'une populace cannibale, il se frappa généreusement. Voltaire l'a dit avec raison :

Les criminels tremblans sont traînés au supplice ;
Les mortels généreux disposent de leur sort.

Par une atrocité presque sans exemple, la faction qui avait asservi la Convention nationale ordonna par décret au tribunal révolutionnaire d'être assez instruit dans la procédure des députés qu'on avait offerts en hécatombe à son anthropophage voracité. L'arrêt de mort qu'un décret des factieux sollicitait de la complaisance de leurs complices, fut prononcé de bonne grace et sans hésiter (1).

Valazé, qui s'y attendait, avait conservé dans ses papiers un couteau, qu'il s'enfonça dans le cœur (2). Il expirait, disposant de son sort en présence de ses assassins; il rassemble les débris de ses forces défaillantes; il retire le couteau, et le montrant à ses bourreaux de première instance, il leur adresse du fond de son ame indignée, ces paroles mémorables qui appartiennent à l'histoire, et que Tacite eût recueillies avec empressement : « Non, lâches brigands, vous n'aurez pas la douce satisfaction de me traîner vivant à l'échafaud; je meurs, mais je meurs en homme libre ».

Qu'il me soit permis de m'arrêter encore un instant sur un passage d'un bel ouvrage d'Honoré Riouffe : « pour Valazé, dit-il, ses yeux avaient je ne sais quoi de divin. Un sourire doux et serein ne quittait point ses

(1) 7 brumaire an 2.

(2) Le 10 brumaire an 2, vers les 11 heures du soir.

lèvres, il jouissait par avant-goût de sa mort glorieuse. On voyait qu'il était déjà libre et qu'il avait trouvé dans une grande résolution, la garantie de sa liberté........ Le dernier jour, avant de monter au tribunal, il revint sur ses pas pour me donner une paire de ciseaux qu'il avait sur lui, en me disant : c'est une arme dangereuse, on craint que nous n'attentions sur nous-mêmes. L'ironie digne de Socrate, avec laquelle il prononça ces mots, produisit sur moi un effet que je ne démêlai pas bien ; mais quand j'appris que ce Caton moderne s'était frappé d'un poignard, qu'il tenait caché sous son manteau, je n'en fus pas surpris, et je crus que je l'avais deviné ; il avait dérobé ce poignard aux recherches, car on les fouillait comme de vils criminels ».

On a retrouvé, depuis la mort de Valazé, sa défense qu'il avait commencée pour le tribunal révolutionnaire ; J. A. Pénière la publia dans l'an 3 (Paris, Ve. Gorsas, *in*-8°., 80 pages). En voici le titre : *Défense de Charles-Eléonore Dufriche-Valazé ; imprimée d'après son manuscrit, trouvé dans la fente du mur de son cachot* ».

Voici la fin de cette défense intéressante :

l'auteur s'arrête tout-à-coup, à la 48e. p. (1), et dit : « je n'ai pas le loisir d'en copier davantage. Je vais être jugé dans le jour, ou plutôt je vais être assassiné. Le décret d'hier m'interdit de me défendre : citoyens, je me tairai, par respect pour la loi ; mais voici une partie de ce que j'allais dire. . Le 30 octobre, l'an deuxième de la république. *Signé* Dufriche-Valazé. J'embrasse toute ma chère famille ».

Il ne reste plus qu'à dire que Valazé fut bon époux, excellent père, et qu'il réunit toutes les qualités du simple citoyen, de l'homme aimable et du publiciste. Sa mémoire a été vengée. L'histoire la consacrera, et des statues seront un jour élevées sur le sol purifié où tombèrent, victimes irréprochables et généreuses, les fondateurs et les martyrs de la république.

(1) 79e. page de l'imprimé.

www.ingramcontent.com/pod-product-compliance
Lightning Source LLC
LaVergne TN
LVHW010409240826
846091LV00020B/2848